Super

Jeux

de logique et de réflexion

Cette édition par Chantecler, Belgique-France
Illustrations : J. Heylen
D-MM-0001-420
Imprimé dans l'UE

LA PYRAMIDE

Chaque balle doit contenir un nombre. Chaque nombre est la somme des deux nombres qui sont en dessous de lui.

LES ADDITIONS CODÉES

Es-tu fort en calcul ? À toi de trouver quel nombre se cache derrière chaque dessin.

```
    4   2  🍎              5   2  🌙              3  🍒  🍋
  + 🍐  🍎  🍐           + 🌙   4  🍍           + 2   1  🍒
  ───────────            ───────────            ───────────
    9  🍐   8            🍍  🍍   7             🍋  🍋   9
```

```
   🍓   6  🍊
 + 🍊   1   5
 ───────────
   9   🍓  🍓
```

```
   🍉  🍇   6
 +  1   0   2
 ───────────
   🍇  🍇  🍉
```

🍎 = ...   🍋 = ...

🍐 = ...   🍓 = ...

🌙 = ...   🍊 = ...

🍍 = ...   🍉 = ...

🍒 = ...   🍇 = ...

LES PLUMES D'INDIENS

Complète les séries de nombres.

25 22 19 16 ... 10 7 4

1 3 6 10 15 ... 28 36

... 12 24 36 48 6

0 ... 12 18 24 30 36 42

5 10 15 20 ... 30 35 40

LES CUBES MAGIQUES

Dans chacun de ces cubes se cache un mot de neuf lettres.
Il s'agit toujours du nom d'une profession.
La première lettre est entourée à chaque fois.

4

S	I	R
E	S	T
Â	(P)	I

5

D	N	I
E	R	A
R	I	(J)

6

F	I	M
(I)	E	R
N	I	R

7

R	T	S
O	M	O
N	E	(A)

8

R	I	T
U	O	(C)
R	E	U

LES DÉS

Complète cette grille en dessinant des dés.
Certains sont déjà placés. Chaque nombre de points
sur les faces des dés ne peut se retrouver qu'une seule fois
par rangée et par colonne.

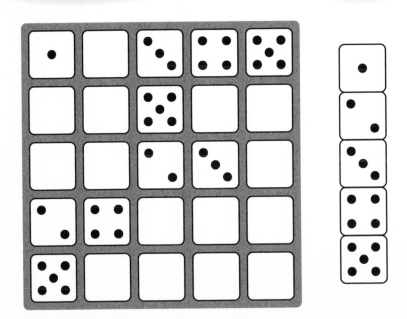

LES MOTS CROISÉS

Complète cette grille en écrivant le même mot verticalement et horizontalement près des chiffres.

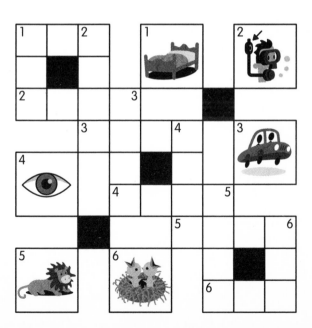

LA PISTE DE SKI

Complète cette piste de ski par des mots de quatre lettres.
Commence près de « Départ ». La dernière lettre de chaque mot
est la première du mot suivant.

1. Animal qui miaule.

2. Contraire de tôt.

3. Il recouvre ton matelas.

4. Animal qui fait la roue.

5. Couleur de la nuit (masc.).

6. Fleur qui sent bon.

7. Répétition d'un son.

8. Dur ou à la coque.

9. Besoin, envie de manger.

10. Au bout du bras.

11. Contraire de jour.

12. Plante aromatique.

13. Douze dans une année.

14. Chiffre.

DÉPART ➡

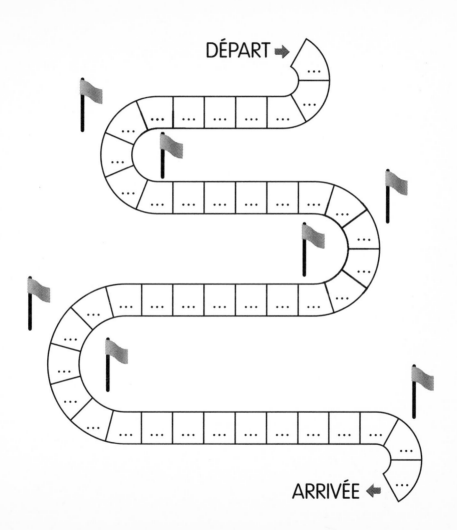

ARRIVÉE ⬅

LES OISEAUX

Sur chacune de ces douze cartes est écrit un nom d'oiseau. Mais les lettres sont toutes mélangées. À toi de les placer dans le bon ordre pour lire les noms.

racina	naumoie	
hobui	trevip	agile
ségname	eip	abrocue
	relme	ucocuo
	poigne	rildelhone

EN DIAGONALE

Écris les mots suivants dans la grille. Attention, pas
dans le même ordre ! Si tu les as écrits dans le bon ordre,
tu liras un mot en diagonale.

cheval

agneau

oiseau

ânesse

saumon

faisan

LE RÉSULTAT EST ZÉRO

Quatre nombres sont déjà écrits dans la grille. Si tu les soustrais les uns des autres, en allant de la gauche vers la droite, tu obtiens zéro. À toi de compléter la grille avec trois autres suites de nombres. Attention, le résultat doit être zéro en partant de la gauche vers la droite, mais aussi en partant du haut vers le bas. Quelle suite de nombres ne vas-tu pas utiliser ?

A)	28	9	12	7
B)	32	7	14	11
C)	34	17	10	7
D)	24	6	10	8

84 22 36 26 = 0

... ... = 0

... ... = 0

... ... = 0

= = = =

0 0 0 0

dANS L'ESPACE

Combien de mots peux-tu former à partir des lettres du mot astronaute ? Nous en avons déjà trouvé au moins 20.
Écris les mots que tu trouves sur les pointillés.

. . . .

. . . .

. . . .

. . . .

. . . .

. . . .

. . . .

. . . .

. . . .

. . . .

LE MAGASIN DE CHAPEAUX

Il y a toujours deux exemplaires de chaque chapeau, bonnet ou casquette, sauf pour un. Lequel ?

L'ÉCRITURE CODÉE

Déchiffre la phrase écrite ci-dessous.
Chaque lettre correspond à un dessin.

a = 🐟

i = 🪣

r =

b = 🐚

j = ☁

s = 🚩

c = 🐙

l = ☀

t =

d = 🌴

m = ⛵

u = 👓

e = ⚓

n = 🧢

x = 🍦

h = 🏐

o =

HAUT DANS LE CIEL

Chaque dessin représente un chiffre : la lune est 7 et l'étoile 4.
Quel dessin doit venir à la place du point d'interrogation ?

🌙 + ☀️ = 🪐

☁️ + ⭐ = 🌙

🪐 : ☁️ = ⭐

🌙 - ☀️ = ⛈️

⛈️ × ⛈️ = ?

LES MASQUES

Sébastien voudrait acheter deux masques identiques. Lesquels va-t-il acheter ?

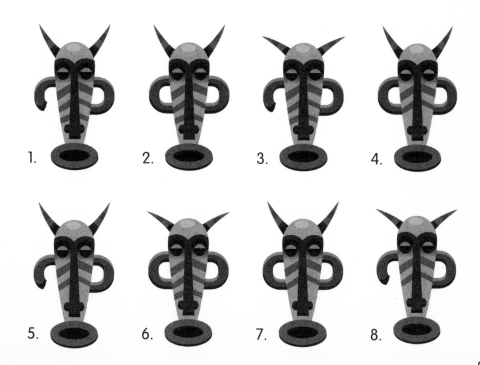

1. 2. 3. 4.

5. 6. 7. 8.

LE DESSIN

Résous les opérations ci-dessous. Cherche le résultat de chaque opération dans la grille et colorie sa case. Si un résultat est mentionné plusieurs fois, colorie toutes les cases correspondantes. Qu'as-tu dessiné ?

$(7 \times 9) + 9 = \ldots$ $72 : 8 = \ldots$

$(6 : 3) \times 15 = \ldots$

$87 - 14 - 18 = \ldots$ $45 : 3 = \ldots$

$(4 \times 3) + 12 = \ldots$

$(8 \times 2) + 25 = \ldots$ $24 : 3 = \ldots$

2	64	23	12	81	30	66	15	12	3	11
13	18	46	7	9	4	41	8	23	14	36
81	54	66	72	18	12	3	55	11	46	14
13	64	24	2	46	14	18	36	24	81	19
23	8	37	12	19	11	7	18	54	9	12
4	72	19	3	36	37	2	7	23	41	46
36	55	11	64	46	7	9	30	66	72	64
3	9	64	15	24	23	55	41	37	15	81
13	24	7	8	41	14	81	54	2	24	3
19	15	18	30	9	54	13	66	14	8	4
66	30	37	8	72	4	12	13	37	55	13

LES LETTRES CODÉES

C'est toujours amusant de s'écrire des lettres dans
un langage codé, que personne d'autre ne peut déchiffrer.
Essaie de déchiffrer le message écrit ci-contre.
Toutes les lettres ont été remplacées par des signes secrets.

j = 〼   g = ‡   a = 千

e = ✔   d = 㔾   i = ＝

s = ┝   m = ∈   r = 入

o = ﾗ   n = ≡   u = ㇋

LE DEVOIR

Barre dans la grille les mots qui correspondent aux conditions suivantes. Les mots qui restent forment une expression qui signifie être très sage.

Barre :

les fleurs

les légumes

les matières apprises à l'école

les moyens de transport

les couleurs

les oiseaux

salade	rose	sage	avion
une	chou-fleur	tulipe	endive
orange	algèbre	poireau	gymnastique
géométrie	moto	voiture	chou
haricot	être	hibou	autobus
image	géographie	asperge	gris
blanc	mésange	mauve	français
autobus	géranium	bateau	moineau
bleu	cigogne	vert	rossignol
hirondelle	rouge	comme	jaune
vélo	marguerite	dessin	train
	histoire		violette

LES MOTS CROISÉS

Tous ces carrés doivent trouver une place dans la grande grille. Attention, ils doivent former des mots qui existent.

S	I	N
E		I
		D

T	E	
U	R	A
D	E	R

A	M	I
G	A	N
I	R	E

S		
T	I	N
A		E

G	R	O
T	A	R
	R	

L	E	
E		N
		A

C	E	T
A		O
R	O	U

		A	B
	O		R
	R	R	E

R	I	
		O
U	R	

D	E	S
O	U	I
	I	

R		C
E	C	H
		E

E	R	
C	I	
O	R	T

LES OPÉRATIONS

Onze opérations sur les douze ont leur résultat sur
la page ci-contre. Une opération n'a pas encore de résultat.
Quel nombre doit remplacer le point d'interrogation ?

7 × 113 =	612 - 419 =
4 × 8 =	27 × 53 =
93 - 56 =	615 : 3 =
112 + 919 =	304 : 2 =
1024 - 936 =	943 + 596 =
194 : 2 =	723 + 439 =

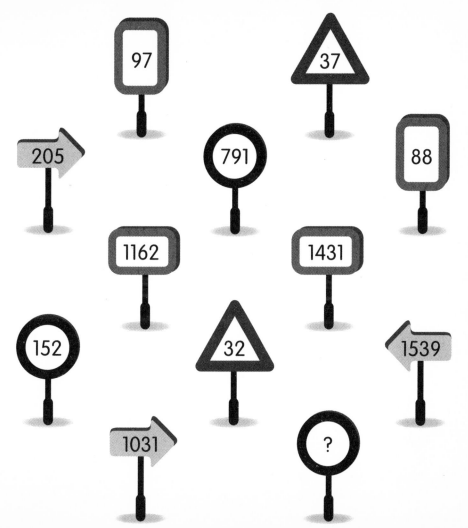

ZIGZAG

Trouve les mots correspondant aux définitions et écris-les dans la grille. Tu liras ensuite dans les cases imprimées en gras le nom d'un animal à une bosse.

1. Dedans.

2. Contraire de mince.

3. Plus que beaucoup.

4. Soif et ....

5. Contraire de faux.

6. Premier homme.

7. Elle sert à l'oiseau.

8. Contraire de mal.

9. Les trains s'y arrêtent.

10. Partie du visage.

LES QUILLES

Ce n'est pas facile de renverser toutes les quilles !
Attention, tu ne peux tracer que quatre lignes, sans
soulever ton crayon du papier et en ne touchant
chaque quille qu'une seule fois.

LES POISSONS

Le pêcheur a installé sa canne à pêche. Mais que pensent les poissons ? Résous les opérations qui se trouvent dans les poissons. Le résultat correspond à une lettre de l'alphabet (1 = a, 2 = b…). Écris ensuite les lettres dans le bon ordre de 1 à 23 pour savoir ce que pensent les poissons.

1	2	3	4
…	…	…	…

5
…

6	7	8	9	10
…	…	…	…	…

11	12	13
…	…	…

14	15
…	…

16	17	18	19
…	…	…	…

20	21	22	23
…	…	…	…

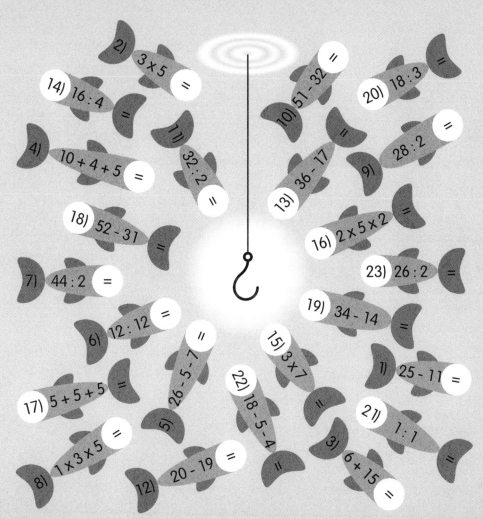

2) 3 x 5 =

14) 16 : 4 =

11) 32 : 2 =

4) 10 + 4 + 5 =

18) 52 - 31 =

7) 44 : 2 =

6) 12 : 12 =

17) 5 + 5 + 5 =

8) 1 x 3 x 5 =

5) 26 - 5 - 7 =

12) 20 - 19 =

22) 18 - 5 - 4 =

15) 3 x 7 =

3) 6 + 15 =

21) 1 : 1 =

1) 25 - 11 =

19) 34 - 14 =

23) 26 : 2 =

16) 2 x 5 x 2 =

9) 28 : 2 =

13) 36 - 17 =

10) 51 - 32 =

20) 18 : 3 =

LA MÉTÉO

Trouve les mots correspondant aux définitions et tu liras
verticalement le temps qu'il fera demain.

1. Quarante-neuf divisé par sept.

2. Sport de combat.

3. Contraire de bon marché.

4. Recouvre l'oreiller.

5. Pronom possessif
   2e personne.

6. Maman.

7. À l'opposé du sud.

8. Animal féroce.

9. Dans les contes, il mange les enfants.

10. Les abeilles en fabriquent.

11. Tu le prends avant de sauter.

12. Fruit exotique.

13. Roi des animaux.

14. Combat entre deux personnes.

15. Dieu du vent.

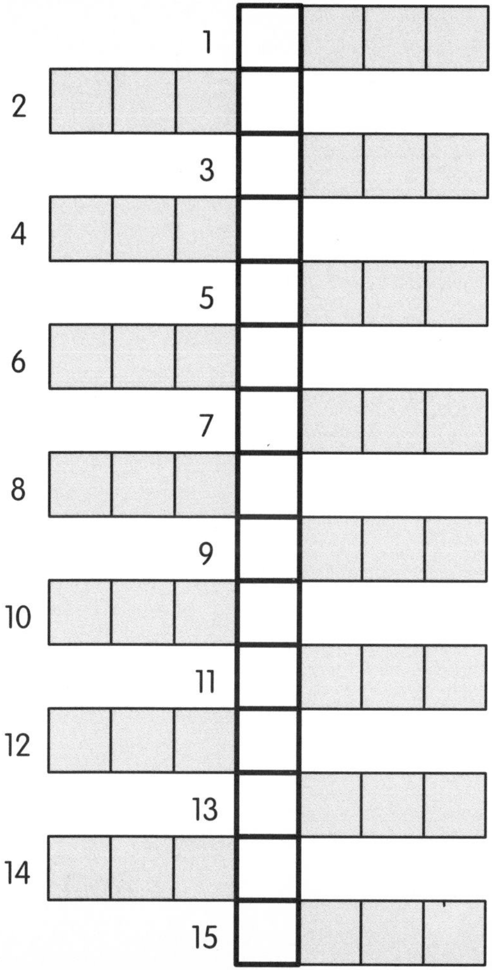
1
2
3
4
5
6
7
8
9
10
11
12
13
14
15

REGARDER ET COMPTER

Regarde les objets dessinés ci-contre.

1. Lequel est représenté le moins de fois ? Écris la première lettre de ce mot dans la première case.

2. Combien de fois est-il représenté ? S'il l'est par exemple 8 fois, cherche la huitième lettre de l'alphabet et écris-la dans la deuxième case.

3. Cherche à présent l'objet qui est représenté le plus de fois. Écris sa première lettre dans la troisième case.

4. Combien de fois est-il représenté ? Écris la lettre correspondante dans la quatrième case.

Quel mot lis-tu ?

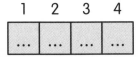

LES PRÉVISIONS MÉTÉO

Complète les pyramides en ajoutant
une lettre à celles du mot précédent.

1. Cinquième lettre de l'alphabet.
2. Première partie d'une négation.
3. Participe passé féminin de naître.
4. Synonyme d'embarras.
5. Elle tombe en hiver.
6. Cinquième lettre de l'alphabet.

7. Article défini.
8. Gelée.
9. Cinquième lettre de l'alphabet.
10. Note de musique.
11. Cent mètres carrés.
12. Là où s'arrêtent les trains.
13. Synonyme de tempête.

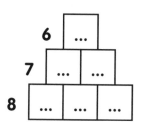

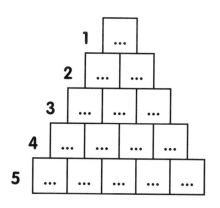

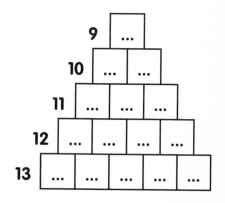

À L'ÉCOLE

Six nouveaux élèves sont arrivés dans la classe. Ils sont assis à l'avant. Trouve qui est assis à côté de qui.

 Jean : je suis entre Arthur et Marie.

Marie : je suis derrière Charlotte.

 Charlotte : je suis à côté de François.

Maude : je suis devant Arthur.

François : je suis devant Jean.

 Arthur : je suis à droite et derrière.

LES GÂTEAUX

Trouve les mots correspondant aux définitions.
Les lettres dont tu as besoin sont dans les gâteaux.
À la fin, il restera une lettre non utilisée dans
chaque gâteau. Écris-la près du chiffre 1.

A)

1. Lettre qui reste.

2. Moins de deux.

3. Poivre et …

4. Boisson

chaude.

5. Quatrième jour.

6. Le français en est une.

B)

1. Lettre qui reste.

2. Participe passé

de voir.

3. … ou non.

4. 25 divisé par 5.

5. Fruit rond et vert.

6. Après aujourd'hui.

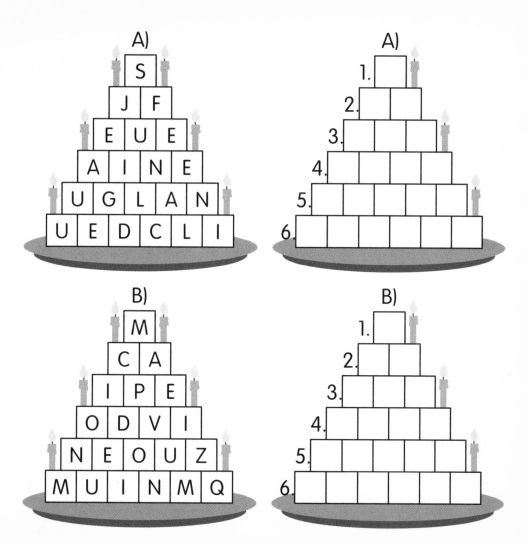

45

RIEN QUE DES ANIMAUX

Tous les animaux dessinés sont dans la grille.
Cherche dans toutes les directions.
Dès que tu as trouvé un nom, barre-le. Les lettres qui restent
forment un mot. Lequel ?

C	P	O	U	S	S	I	N	C
I	H	I	B	O	U	V	C	A
G	P	F	E	U	L	A	O	N
O	A	I	O	R	C	C	Q	A
G	O	I	T	I	A	H	T	R
N	N	I	O	S	E	E	N	D
E	P	O	I	S	S	O	N	S

LA DISTRIBUTION DES RÔLES

Avant de jouer une pièce de théâtre, il faut distribuer les rôles et tout le monde voudrait évidemment avoir le rôle principal. Voici un système de distribution des rôles pour éviter les disputes. Additionne le jour, le mois et l'année de naissance de chaque participant. Continue à additionner jusqu'à ce que tu obtiennes un chiffre.

Voici les rôles :

1 = princesse
2 = reine
3 = brigand
4 = dame de compagnie
5 = bouffon
6 = prince
7 = chef de bande
8 = cavalier
9 = roi

EXEMPLE :
Date de naissance = 3 mars 1990
3 + 3 + 1990 = 1996
1 + 9 + 9 + 6 = 25
2 + 5 = 7
7 = chef de bande

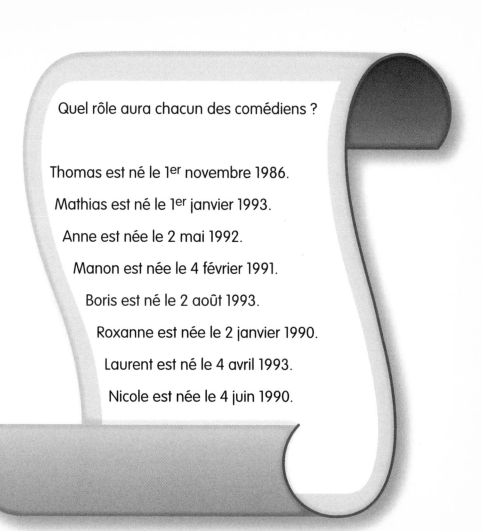

Quel rôle aura chacun des comédiens ?

Thomas est né le 1er novembre 1986.

Mathias est né le 1er janvier 1993.

Anne est née le 2 mai 1992.

Manon est née le 4 février 1991.

Boris est né le 2 août 1993.

Roxanne est née le 2 janvier 1990.

Laurent est né le 4 avril 1993.

Nicole est née le 4 juin 1990.

OBSERVER LES ANIMAUX

Regarde bien les images. Quel animal est dessiné deux fois autour d'une case vide ? Écris la première lettre de cet animal sur les pointillés. Regarde l'exemple. Si tu as bien répondu, les lettres formeront un mot. Lequel ?

Additions et soustractions

Pour ce petit jeu, tu dois bien connaître l'alphabet. Résous les additions et soustractions suivantes. Convertis ensuite les résultats en lettres : 1 = a, 2 = b, 3 = c... Que lis-tu de haut en bas ?

$17 + 8 = \dots - 19 = \dots \boxed{\dots}$

$6 + 19 = \dots - 7 = \dots \boxed{\dots}$

$5 + 5 = \dots - 1 = \dots \boxed{\dots}$

$12 + 11 = \dots - 22 = \dots \boxed{\dots}$

$15 + 14 = \dots - 15 = \dots \boxed{\dots}$

$14 + 37 = \dots - 47 = \dots \boxed{\dots}$

$21 + 21 = \dots - 33 = \dots \boxed{\dots}$

$7 + 29 = \dots - 17 = \dots \boxed{\dots}$

$25 + 18 = \dots - 38 = \dots \boxed{\dots}$

LES MOTS COMPOSÉS

Forme des mots composés (avec un trait d'union) en associant aux mots ci-dessous un mot choisi dans cette liste :

bouchon - neige - père - souris - pays - fils - mouton - pierre - vente - lit

grand- ....   saute- ....

couvre- ....   tire- ....

perce- ....   lance- ....

arrière- ....   chauve- ....

petit- ....   après- ....

LES CONTRAIRES

Écris sur les pointillés le contraire de chaque mot.
Choisis parmi les mots éparpillés sur la page.
Que lis-tu de haut en bas (lettres imprimées en gras) ?

sec

clair

léger

peu

haut

mou

petit

dernier

plein

noir

devant

rempli	...
blanc	...
premier	...
lourd	...
beaucoup	...
grand	...
mouillé	...
dur	...
bas	...
sombre	...
derrière	...

LES SOUSTRACTIONS DE MOTS

À gauche, se trouve une colonne de mots. Au milieu, se trouve une description de mots que tu dois trouver. Soustrais les lettres qui composent chacun de ces mots des mots qui le précèdent. Écris la lettre qui reste dans la colonne de droite afin de constituer une phrase à la verticale.

Blé	-	article défini masculin sing.	...	=	...
Fier	-	métal	...	=	...
Case	-	à main ou de voyage	...	=	...
Nouer	-	une voiture en a quatre (sing.)	...	=	...
Marin	-	elle termine le bras	...	=	...
Neveu	-	participe passé de venir	...	=	...
Coup	-	partie du corps	...	=	...
Bacon	-	on s'assied dessus	...	=	...
Mince	-	partie supérieure d'un arbre	...	=	...
Garde	-	lieu où s'arrêtent les trains	...	=	...
Jaune	-	masculin de Jeanne	...	=	...

LES EXPRESSIONS

Les noms des animaux ont disparu dans les expressions suivantes. Écris-les en choisissant parmi les animaux dessinés sur cette page. Il restera le dessin d'un animal. Complète ensuite la grille du bas à l'aide des lettres correspondant aux chiffres donnés. Tu liras une expression qui fait intervenir cet animal. Quatre lettres sont déjà données.

1	2	3	4
...	...	...	...

5	6	7	8
...	...	...	...

9	10	11	12	13
...	...	...	M	...

14	15
...	...

16	17	18	19	20	21	22	23
...	...	C	...	R	G	...	...

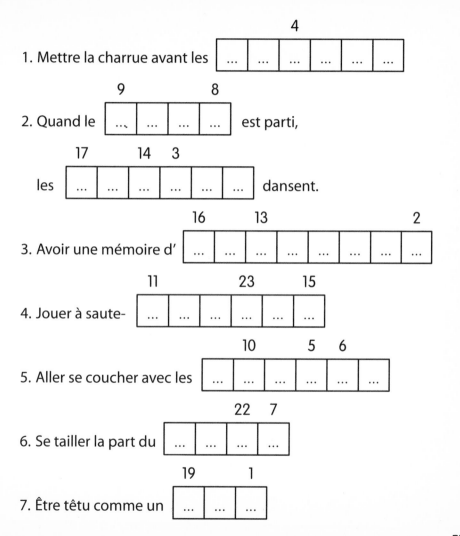

1. Mettre la charrue avant les [4] [...] [...] [...] [...] [...]

2. Quand le [9] [...] [...] [8] est parti,

les [17] [...] [14] [3] [...] [...] dansent.

3. Avoir une mémoire d' [16] [...] [13] [...] [...] [...] [...] [2]

4. Jouer à saute- [11] [...] [...] [23] [...] [15]

5. Aller se coucher avec les [10] [...] [...] [5] [6] [...]

6. Se tailler la part du [...] [...] [22] [7]

7. Être têtu comme un [19] [...] [1]

LES QUANTITÉS

Voici une grille à compléter avec des quantités,
des mesures ou des poids. Le nombre de cases t'indique
de combien de lettres se compose la réponse. Ensuite, écris
chaque fois la lettre demandée dans chaque mot et
tu pourras lire une petite phrase.

1. Mille mètres forment un …

2. Vingt-quatre heures forment une …

3. Cent centimètres font un …

4. La douzième partie d'une année est un …

5. Un quart d'heure fait … minutes.

6. Sept jours font une …

7. Une année moins cinq mois font … mois.

8. Soixante minutes font une …

9. Dix décilitres font un …

10. Une demi-année fait … mois.

11. Mille kilos font une …

12. Dix centimètres font un …

13. Douze morceaux font une …

14. Le chiffre un suivi de six zéros, c'est un …

15. Mille grammes font un …

16. Soixante secondes font une …

1. ◻◻◻◻◻◻◻◻ — 7e lettre
2. ◻◻◻◻◻◻◻ — 3e lettre
3. ◻◻◻◻◻◻ — 5e lettre
4. ◻◻◻◻◻ — 4e lettre
5. ◻◻◻◻◻◻ — 2e lettre
6. ◻◻◻◻◻◻◻ — 6e lettre
7. ◻◻◻◻◻ — 3e lettre
8. ◻◻◻◻◻ — 2e lettre
9. ◻◻◻◻ — 3e lettre
10. ◻◻◻◻ — 2e lettre
11. ◻◻◻◻◻◻ — 1re lettre
12. ◻◻◻◻◻◻◻ — 5e lettre
13. ◻◻◻◻◻◻◻ — 5e lettre
14. ◻◻◻◻◻◻ — 3e lettre
15. ◻◻◻◻◻ — 2e lettre
16. ◻◻◻◻◻◻ — 3e lettre

LES ANIMAUX

Parmi tous les noms d'animaux écrits ci-contre,
barre ceux qui répondent aux conditions suivantes.
Il reste un animal. Lequel ?

Barre les animaux :

- qui sont des animaux femelles.

- qui sont des animaux mâles.

- qui ont plus de quatre pattes.

- qui sont des poissons.

- qui sont des oiseaux.

chienne

taureau

héron

papillon

mouche

poisson rouge

merle

araignée

pic

mille-pattes

truite

moustique

carpe

escargot

truie

perroquet

brebis

vache

mésange

bouc

guêpe

coccinelle

jument

étalon

moineau

saumon

abeille

chèvre

anguille

bélier

LES SEPT DIFFÉRENCES

Ces deux dessins se ressemblent très fort, mais il y a 7 différences. Indique-les d'une croix.

SOLUTIONS

LA PYRAMIDE p. 3

```
           176
         85   91
       37   48   43
     15   22   26   17
    7   8   14   12   5
  5   2   6   8   4   1
```

LES ADDITIONS CODÉES p. 4

🍎 = 3   🌙 = 1   🍒 = 4   🍓 = 7   🍈 = 8

🍐 = 5   🍍 = 6   🍋 = 5   🍊 = 2   🍇 = 9

LES PLUMES D'INDIENS p. 5

25 22 19 16 13 10 7 4   1 3 6 10 15 21 28 36

                        0 12 24 36 48 60

0 6 12 18 24 30 36 42   5 10 15 20 25 30 35 40

LES CUBES MAGIQUES p. 6/7

1. Boulanger / 2. Garagiste / 3. Fleuriste / 4. Pâtissier /
5. Jardinier / 6. Infirmier / 7. Astronome / 8. Couturier.

LES DÉS

LES MOTS CROISÉS p. 8/9

LA PISTE DE SKI p. 10/11

Chat / tard / drap / paon / noir / rose / écho /
œuf / faim / main / nuit / thym / mois / sept.

LES OISEAUX p. 12

Canari / hibou / mésange / moineau / pivert / pie /
merle / pigeon / aigle / corbeau / coucou / hirondelle.

LE DESSIN p. 22/23

Une maison.

LES LETTRES CODÉES p. 24/25

J'adore résoudre des énigmes.

LE DEVOIR p. 26/27

Être sage comme une image.

LES MOTS CROISÉS p. 28/29

LES OPÉRATIONS p. 30/31

? = 193

ZIGZAG p. 32

1. Dans / 2. Gros / 3. Trop / 4. Faim / 5. Vrai /
6. Adam / 7. Aile / 8. Bien / 9. Gare / 10. Joue.
Dromadaire.

LES QUILLES p. 33

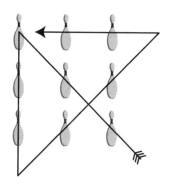

LES POISSONS p. 34/35

Nous n'avons pas du tout faim.

LA MÉTÉO

p. 36/37

1. Sept / 2. Boxe / 3. Cher / 4. Taie / 5. Tien /
6. Mère / 7. Nord / 8. Ours / 9. Ogre / 10. Miel /
11. Élan / 12. Kiwi / 13. Lion / 14. Duel / 15. Éole.
Sec et ensoleillé.

REGARDER ET COMPTER

p. 38/39

9 bananes : B I
14 éléphants : E N
Bien.

LES PRÉVISIONS MÉTÉO

p. 40/41

1. E / 2. Ne / 3. Née / 4. Gêne / 5. Neige /
6. E / 7. Le / 8. Gel / 9. E / 10. Ré / 11. Are /
12. Gare / 13. Orage.

À L'ÉCOLE

p. 42/43

| Marie | Jean | Arthur |
| Charlotte | François | Maude |

LES GÂTEAUX p. 44/45

A) 1. I / 2. Un / 3. Sel / 4. Café / 5. Jeudi / 6. Langue.
B) 1. Z / 2. Vu / 3. Oui / 4. Cinq / 5. Pomme / 6. Demain.

RIEN QUE DES ANIMAUX p. 46/47

Félicitations.

LA DISTRIBUTION DES RÔLES p. 48/49

Thomas = roi.   Boris = bouffon.
Mathias = prince.   Roxanne = dame de compagnie.
Anne = princesse.   Laurent = brigand.
Manon = cavalier.   Nicole = reine.

OBSERVER LES ANIMAUX p. 50/51

Programme.

ADDITIONS ET SOUSTRACTIONS p. 52

Friandise.

LES MOTS COMPOSÉS

Grand-père / couvre-lit / perce-neige
arrière-pays / petit-fils / saute-mouton / tire-bouchon
lance-pierre / chauve-souris / après-vente.

LES CONTRAIRES

Plein / noir / dernier / léger / peu / petit
sec / mou / haut / clair / devant.
Long et court.

LES SOUSTRACTIONS DE MOTS

Le / fer / sac / roue / main / venu
cou / banc / cime / gare / Jean.
Bien répondu.

LES EXPRESSIONS

1. Bœufs / 2. Chat, souris /
3. Éléphant / 4. Mouton /
5. Poules / 6. Lion / 7. Âne.
Être lent comme un escargot.

LES QUANTITÉS

p. 58/59

1. Kilomètre / 2. Journée / 3. Mètre / 4. Mois / 5. Quinze /
6. Semaine / 7. Sept / 8. Heure / 9. Litre / 10. Six / 11. Tonne /
12. Décimètre / 13. Douzaine / 14. Million / 15. Kilo / 16. Minute.
Tu es un petit malin.

LES ANIMAUX

p. 60/61

Les animaux femelles : chienne, brebis, truie, jument, vache, chèvre.
Les animaux mâles : taureau, bélier, bouc, étalon.
Les animaux qui ont plus de quatre pattes : mouche, guêpe, abeille,
mille-pattes, coccinelle, papillon, araignée, moustique.
Les poissons : carpe, anguille, truite, poisson rouge, saumon.
Les oiseaux : pic, moineau, merle, mésange, héron, perroquet.
Il reste : escargot.

LES SEPT DIFFÉRENCES

p. 62